यादों का इन्द्रधनुष

यादों का इन्द्रधनुष

रेखा मैत्र

वाणी प्रकाशन

वाणी प्रकाशन
4695, 21-ए, दरियागंज, नयी दिल्ली 110 002
शाखा
अशोक राजपथ, पटना 800 004
फ़ोन: +91 11 23273167 फ़ैक्स: +91 11 23275710
www.vaniprakashan.in
vaniprakashan@gmail.com

YAADON KA INDRADHANUSH
by Rekha Metra

ISBN : 978-93-5000-861-4

Poetry

संस्करण 2012
आवृत्ति 2013

मूल्य : ₹ 200

न्यू कृष्णा ऑफ़सेट, दिल्ली-110 093 में मुद्रित

वाणी प्रकाशन का लोगो मक़बूल फ़िदा हुसेन की कूची से

अनुक्रम

स्विट्ज़रलैंड की एक शाम

पहाड़ों की गोद में
नन्ही बच्ची-सा
दुबक गया है मन!

इन पहाड़ों ने मन को
कुछ ऐसा उछाला है
जैसे बचपन में बाबा
हवा में गेंद-सा
उछाल देते थे।

बीच में ये गोल झील
फिरोज़ी चूड़ी-सी दिखती है
जो कभी मेरे बाबा
लाये थे मेरे लिए!

आज इन पहाड़ों ने
फिर वही उपहार दिया है
इन नज़ारों की सूरत में!

4 जून, 2009

सिन्दूरी सुबह आस्ट्रिया की...!

सुबह की सन्दली हवा के झोंके
क्या खूब चले आते हैं
एकदम तुम्हारी ही तरह
पहले चेहरे को दुलारते हैं
फिर घिरते हैं आस-पास!

इनकी खुशबू भी महकती है
बड़ी देर तलक
फिर वही सारी कायनात में
बिखरती चली जाती है।

थोड़ी-सी खुशबू
मैंने भी समेट ली है
मन की डिबिया में
सिन्दूर की तरह!

6 जून, 2009

भटकी हुई नज़्म

कभी कोई नज़्म
अगर दफ़्न हो जाती है
तो उसकी चीख़
ठहर जाती है
सन्नाटे चीरती-ठेलती
अशरीरी आत्मा-सी
आस-पास तब तक
भटकती रहती है
जब तक काग़ज़ पर
अपना शरीर अख़्तियार
नहीं कर लेती!

मेहँदी

उम्र की हथेलियों पर
तुम्हारे नाम की हिना
जो मैंने सजाई
उतरना तो दरकिनार
हल्की होने पर भी
अब तक नहीं आयी!

आईने की तरह
इस पर मैं अपना
प्यार देख लेती हूँ
इस तरह और जीने का
सामान जमा कर लेती हूँ!

तुम भी कुछ ऐसा ही
क्यों नहीं सजा लेते?
ताकि तुम्हारे जीने की भी
एक वजह बन जाए!

राइनलैंड का एक गाँव

ये कौन-सी जगह
आ गयी हूँ मैं?
जहाज घूम रहा है
कि द्वीप के आस-पास
बसे घर-गाँव?

ये चर्खी-सा घुमाते जाते हैं
और मैं घूमती जाती हूँ!

लगता है जहाज रुका खड़ा है
ये नज़ारे घूमन्त फ़िल्मों से
घूम रहे हैं आस-पास!

(जर्मनी के एक छोटे-से गाँव
राइनलैंड से प्रभावित कविता)

7 जून, 2009

नवजात कविता

कभी कोई कविता
जब काग़ज़ पर
अपनी आँखें खोलती है
हैरान रह जाती हूँ मैं
इसके नाक-नक्श तो मुझसे
बिल्कुल मेल नहीं खाते
क्या ये मेरे ही भीतर थी?

अपना आपा स्वयं
पहचान नहीं पाती हूँ मैं
एक अनोखा तजुर्बा होता है
उससे मुलाक़ात का!

एक झील

वो एक शान्त-सी झील थी
स्वयं में आकंठ डूबी
सिमटी और चुपचाप-सी
कि एक आवारा बादल आया
कुछ पल रुका—बरसा
और अपनी राह चल दिया!

झील भीतर तक मथ गयी
सारी की सारी बिखर गयी
फिर झील ने सोचा
कि इसे यूँ ही जाना था
तो फिर मुझे इतना
अस्त-व्यस्त क्यों कर डाला?

उस बेचारी को क्या मालूम
कि अशान्त बादल के पास
बेचैनी के सिवाय
उसको देने के लिए
कुछ था ही कहाँ?

चन्द क्षणिकाएँ

उलझन

न जाने कौन-सा तोहफ़ा
बाक़ी है ज़िन्दगी से
जो उसने अब तक
मुझको सँभाल रखा है!

नसीब

हाथ की लकीरों में
मुझको तलाश मत करना
नसीब तो उनके भी होते हैं
जिनके हाथ नहीं होते!
चाहो तो मन में
खोज लेना मुझे
यादों की पोटली में
सहेजी मिलूँगी तुम्हें!

खोज

बहुत कर चुकी अब
अनुसन्धान तुम्हारा
अब तो कुछ ऐसा हो

कि तुम खोजो
और मैं खो जाऊँ!

सजदा

सजदा किया नहीं
ठोकरें लगती रहीं
सजदे होते रहे
ठोकरों की सूरत में
सजदा सिखा रहा था वो!

याद का चेहरा

घोर अँधेरी थी
सुरंग ज़िन्दगी की
तेरी याद के चेहरे ने
इसको उजाल रखा है!

लम्हा

वक़्त है कि नौजवानों-सा
चलता चला जाता है
लम्हा है कि शरीर बच्चों-सा
अड़ा खड़ा रहता है!

रूह की महक

वो गुलाब लम्हे
जो तेरे आस-पास गुज़रे थे
रूह महकती है मेरी
अब भी उन्हीं लम्हों से!

बदलते मायने

नुक़्ते की सूरत लिये
ज़िन्दगी में ऐसे आये
कि तुम्हारे होने न होने से
मेरे मायने बदलते गये!

पतों का बोझा

सफ़र के ऐसे पड़ाव पर
आ पहुँचा है ये जीवन
कि समतल रास्ता अब ख़त्म
चढ़ाई ही चढ़नी रहती है अब
जब ज़िन्दगी ही कगार पर खड़ी हो
तो दोस्तों के पते की डायरी कहाँ रखें?
चिंदियों पर लिख रखे हैं कुछ पते
ताकि वक़्त-ज़रूरत काम आयें
और बोझा भी ज्यादा न बढ़े।

पलों की किरचें

ये जो पल-क्षण
भीतर तोड़-फोड़ मचाते हैं
मुझे धराशायी कर जाते हैं
अगर मैं इन्हें बाहर देख पाती
तो कीड़े की तरह उठा कर फेंक देती
पर अन्दर की किरचें बटोरना
मुश्किल-सा काम है!
एक न एक टुकड़ा
छूट ही जाता है
और मन की तहों में
चुभता-टीसता रहता है!

20 जून, 2010

धूप का टुकड़ा

एक क़िला बनाया था उदासी का
सबका प्रवेश वर्जित था वहाँ
संगीत, फूल और कविता
दरबान की सूरत में
तैनात कर रखे थे बाहर!

पता नहीं कैसे
कूद-फाँद के
रोशनदान से
ये धूप का टुकड़ा
मेरे पास चला आया
इसकी ढिठाई पर
हँस पड़ा है मेरा मन!

आधी सीख

हालात के विष बुझे तीर
जब चारों ओर से
हमला बोल देते हैं
तो अभिमन्यु मन
खोजता है उस माँ को
जो आधा सीख कर सो गयी
अब मन इस चक्रव्यूह से
बाहर निकले तो कैसे निकले?

दाँवपेंच

जब भी देखा
खुद को ज़िन्दगी से
पंजा लड़ाते ही देखा!

अब तक के सारे
मैच ड्रा ही थे
न वो हारी
न मैं हारी

एक बार जो उसे
चारों खाने चित
गिरा दूँ
फिर उससे
दोस्ती कर लूँ
ज़्यादा देर की
लड़ाई भी अच्छी नहीं
वो भी ज़ख्मी होती रहेगी
और मैं भी...!

सीढ़ियाँ

सोचती तो होंगी
ये मन्दिर की सीढ़ियाँ
कि हममें क्या कमी थी
कि लोग हमें पैरों तले रौंदते रहे
और मूर्तियों पर अदब से
सर झुकाते रहे
पत्थर के तो हम दोनों ही हैं।

प्रश्नचिह्न

रात बिस्तरे पर
जुगनुओं की बत्तियाँ
जलती-बुझती रहीं।
तारों की कश्ती में
रात का सफर
तय करती रही।
पता नहीं कहाँ
ले जाएगी ये रात!
आसमान के समुन्दर में
डुबकी लगाते हुए
अपने प्रश्न का
उत्तर तलाशती रही।
सप्त ऋषि मंडल से
शायद कुछ जान लूँ
वर्षों से वही वहाँ
प्रहरी-सा तैनात है
देखा तो वह स्वयं ही
प्रश्नचिह्न-सा खड़ा मिला!

(कैम्पिंग के दौरान लिखी कविता)

मुक्ति

बन्दीगृह का द्वार खोल दिया
सबको अब मुक्त कर दिया
कभी जब उन्हें बाँधा था
अपेक्षाओं ने सर उठाया था
इस रिहाई ने मन को
मुक्ति की उड़ान दी
इस खुली हवा में
सारी पीड़ा-अपेक्षा
कपूर-सी उड़ गयी!

बरसात में भीगी सुबह

अलसायी भोर अभी उठने को तैयार नहीं।
कोहरे की चादर में ढकी-लपेटी
सपनों में डूबी इतराई पड़ी थी
कि बरसाती बादल झमाझम बरसने लगा
अँधेरा छँटने लगा था
गाड़ी के शीशे पर महीन बूँदें नाचने लगीं
और बरसाती धागे से माला पिरोने लगीं
मोतियों की माला से भोर खिल उठी
उसका मोतियों जड़ा आँचल
हवाओं में लहराने लगा!

रेगिस्तान

कुछ अजब-सा रेगिस्तान है ये
दूर तक फैली पीली रेतीली ज़मीन
बीच-बीच में उगी झाड़ियाँ
जैसे गंजे के सर पर
कहीं-कहीं उगी
विरल-सी केश राशि
भगवान तो होगा यहाँ
पर दूर-दूर तक
एक भी इन्सान नहीं!

नाम

धरती के हरे पन्ने दीखे
तो किरणों की सुनहरी तूलिका से
कुछ दिव्य-सा लिखने का मन किया
सो, तुम्हारा नाम लिख दिया!

छिटकी याद

यादों की पिटारी जो खोली
तो एक उदास-सी याद झरी
मैं उसे बटोरती रही
और वो पारे-सी
छिटकती रही!

बिखरी यादें

मन की जेबों में
बचपन के खजाने
भर रखे थे मैंने
बक्सों में रखा
तो चोरी का ख़तरा
पर कहाँ पता था
कि जेबें फट भी सकती हैं
यादें बिखर भी सकती हैं!

प्रार्थना

अमरीकी ज़मीन पर जब
कविता-कहानी और नज़्म
की बूँदा-बाँदी होती है
तब यहाँ के बर्फीले मौसम से
प्रार्थना किया करती हूँ
कि इन्हें जमने मत देना
ये बारिश होती रहे
ये फूल खिलते रहें
ताकि अगली नस्लों की
फसलों पर भी बहार आये
अगली ऋतु सूखी न जाये!

सुरक्षा

काले ऑलिव का
ये छातेनुमा दरख़्त देखकर
कैसे इस गौरैया को ख़याल आया
कि यहाँ आशियाना बनाया जाए!

बस, तिनके-तिनके, जोड़-बटोर कर
बना डाला एक शानदार घरौंदा!

न ऊपर खुला आसमान
और न ही घनी छाँव
सिर्फ छाँव और सुरक्षा का भ्रम!

कहीं ये भी मेरी ही तरह
सुरक्षा के भ्रम में
तो नहीं जी रही?

इसी भ्रम ने
इसे और मुझे
मन की सुरक्षा
दी है शायद!

विडम्बना अमरीका की...!

जी रही हूँ इन दिनों
कैंसर को साथ लिए
ऐसा ही होता होगा
रक्त बीज दानव
बार-बार मारने पर,
बार-बार जनमने वाला!

वैसे तो देश ये
नामी गिरामी है
सुना तो था यहाँ
सब कुछ मिल सकता है
तभी से सब कुछ खरीदने की
ताकत जमा करती रही!

वक़्त आज आया है
ताकत आजमाने का
'प्रोटो कॉल' के गोरख धन्धे में
यहाँ से वहाँ भटकती हूँ!

इलाज से पहले के टेस्ट की
कुहेलिथका एकदम गोल दीखती है

इसी में प्लेग के चूहे सी
लगातार चक्कर काट रही हूँ!

कब इससे बाहर निकलूँगी
वक़्त ही बताएगा!

24 अक्तूबर, 2010

ह्यूस्टन की महक

एक अलग-सी खुशबू है
इस शहर की अपनी
गर्मी की तपती दोपहरी में
सुराही के ठंडे पानी की सी!

पहले तो यहाँ की धूप
यहाँ के इन्सानों को
कुन्दन-सा तपाती है
फिर वही उनके
मनों में उतरती जाती है
इनके अहसासों को भी
ऊष्म बनाती जाती है
इनसे मिलने-जुलने वालों को
मोहब्बत के दरिया में
सराबोर करती चलती है।

(अमेरिका के ह्यूस्टन शहर
के प्रवास से प्रेरित कविता)

काग़ज़ की नाव

अपनी कविता की
काग़ज़ी कश्ती
समय के समन्दर में
उतार तो दी है

कितनी दूर जाएगी
कितने थपेड़े खाएगी
ये तो मैं नहीं जानती।

उछलती-कूदती
नाचती ही जाएगी
इतना तो जानती हूँ!

नन्हे पल

सर्दी की धूप का
नन्हा-सा टुकड़ा
मेरे पास सरक आया
उसका सेंक ठीक से
जी भी नहीं पायी
कि छिटक कर
दूर चला गया
ठीक मेरे कुछ
आत्मीय पलों की तरह!

सह अस्तित्व

पास तो अब भी हूँ
पर साथ नहीं हूँ
बराबर के कमरे में
अस्तित्व सरक आया है
कि तेरा ओना-कोना
कहीं खरोंच न दे।

देह के पीले पड़ते
पौधे को साथ के
कमरे की धूप दिखाऊँ
तो शायद फिर
हरा हो आये!

असुरक्षा

ये सर्वग्रासी अकेलापन
जो बैठा है मेरी चेतना पर
कुंडली मारे हुए
क्या ये मुझे
समूचा ही निगल जाएगा
या रीत जाएगा
ये दर्दनाक पल भी
और ये सरसराता हुआ
कहीं और निकल जाएगा।
तभी मेरा अस्तित्व
इसके दंश से बच पाएगा!

समयाभाव

रचनाएँ तो मेरी साधारण ही होंगी
पर तुम्हें असाधारण लगी थीं
और तुमने कहा था
कि मेरी एक-एक रचना को
तुम कई-कई बार पढ़ते हो!

विस्मय से मेरा मुँह
खुला का खुला रह गया!

मुझे इत्मिनान से पढ़ने का
जो एक बार भी समय निकाल नहीं पाया!

मेरी कविता को बार-बार पढ़ने का
वक़्त कैसे निकालता होगा?
यही सवाल सर उठाये खड़ा है!

भोली खुशियाँ

इस जटिल से देश में
सिर्फ भाषा की सरलता ही है
जो मेरा मन मोह लेती है!

एक राह चलती छात्रा
भारी बस्ता पीठ पर लादे
कहने लगी मुझसे—
"डू यू हेव टाइम"?

"दैट्स ऑल आई हेव"
मुस्कुराकर कहा मैंने
और अपना सेल फ़ोन
उसके सामने कर दिया।

लगा, ढेरों खुशियाँ मिल गयीं उसे
जरूरी-सी जगह पर
समय से पहुँचने की
उमीद उग आयी थी
चेहरे पर उसके!

मैंने सोचा कि कभी हम
बिना दिए ही बहुत दे पाते हैं
और कभी बहुत-सा देकर

सारा अनदिया-सा लगता है।

ये या वो होगा
तो हम खुश होंगे
इसी ख़याल में
ये या वो होने पर
हम खुश होना
भूल जाते हैं अक़्सर!

चाणक्य

देखा नहीं था उसे
बस, सुना था
उसके बारे में
गाँव के हर घर में
उसका दान-पात्र होता
हर दुकान पर उसकी गुल्लक!

उसी राशि से उसने
गाँव को स्कूल-कॉलिज दिए।
भवन निर्माण में
छात्रों के हाथों का परिश्रम था!

लोग उसे 'चाणक्य' कहते
मैं सोचती
कि ऐसे 'चाणक्य' अगर
हर गाँव में पैदा होते
तो कैसा सुनहरा
होता देश मेरा!

(मेरठ के एक गाँव से प्रेरित कविता)

चादर

दुःख की एक भीगी चादर
उढ़ा दी है जो ज़िन्दगी ने
सुख के कुछ क़तरे
निचोड़ लिए हैं उससे!

तजुर्बा

जीवन की खिड़की पर बैठा मन
सोचता रहा देर तक
कि स्टेशन जो निकल गया
उसको अब जाने दें
पाँव अगर थम गये
तो सफ़र आगे कैसे बढ़े?
फिर भी न जाने क्यों
बार-बार अतीत की
जुगाली करता है मन
अतीत के तजुर्बे से
भविष्य की गठरी-सी बाँधता है!

सन्देश

इन जंगली लतरों को
छतों के टूटे कगारों से
झाँकते और सूरज के साथ
बतियाते-खिलखिलाते पाती हूँ
तो अपने कान में भी इनकी
खुसफुसाहट सुनती हूँ
जैसे ये मुझसे कहती हों
कि जिओ! देखो हम जीते हैं न!
तब मेरे लिए भी जीना
मुस्कुराना सहज हो आता है!

पंख

किताब घर से एक किताब मिली
पीले पन्नों वाली, ख़स्ता-सी
उसमें से एक पंख झरा
कभी पढ़ते-पढ़ते रखा होगा
ढेर-सी यादें उसके साथ
उड़ने लगीं चारों ओर
उड़ानें भरती ले गयीं बचपन तक
मोर पंखी मन वहीं कैद हो गया
यादों की मोटी सी किताब खुली
तो पंख हिफ़ाज़त से रख दिया वहीं
कभी फुर्सत से बैठ कर पढ़ूँगी!

जल की रानी

उनको सुन कर लगा
कि वे एक विशाल
नदी की रानी मछली हैं
और एक नन्ही-सी सीपी में
थोड़े-से जल में छोड़ दी गयी हैं!

मर नहीं सकतीं
कि थोड़ा-सा जल
उन्हें मरने नहीं देता!

जी नहीं पा रहीं
कि जल पर्याप्त नहीं है
बस, तड़पना ही उनकी नियति है!

(एक प्रवासी भारतीय वृद्धा को समर्पित कविता)

सरल रास्ता

ये सफ़र ज़िन्दगी का
यूँ तो कठिन-सा गुज़रा है
पर, देर तक चलते-चलते
अब आदतन-सा चलता है
हाँ, बिन रुके चलने का
एक इनाम भी मिला है मुझको
कोई थकन नहीं है चेहरे पे
जैसे कहती हो जीवन से
कि चाहो तो राह और कठिन कर दो
कि रास्ता अब भी
सरल-सा लगता है!

धीरज

वक़्त भी हर बार
जाने के लिए आता है
कभी कठिन और कभी सरल
पाठ पढ़ा जाता है
रुकता तो तभी तक है
जब तक सबक़
समझ में नहीं आता
सो, ऐ मेरे मौला!
ये सख़्त वक़्त
कुछ और आसान कर
कुछ और मेरे साथ चल!

रुका रिश्ता

रिश्तों का रास्ता
दोहरा ही होता है सदा
आधा ही तय करना
होता है गलियारा
और बाक़ी सारा
तो साथी तय करता है
तभी तो रिश्ता झूमता चलता है
वरना बीच रास्ते में रुका
खड़ा रह जाता है रिश्ता!

नियति

आत्मा का कमल
जो रिश्तों के कीचड़ में जन्मा है
उन्हें छोड़ कर जाएगा कहाँ?
वही तो उसकी नियति है
बस, उन्हीं के बीच
उसे खिलना होगा!

माइकेल जेक्सन

माइकेल जेक्सन अब नहीं रहे!
वो जब तक रहे भी तो कैसे रहे?
कितने साल-दिन और पल चैन से रहे?
बचपन के पाँच साल शायद...!
इसी से बच्चों का बचपन
महफूस रखने की कोशिश
करते रहे सारी उम्र!

उनके घर, निजी हवाई जहाज
सबके सब बिस्तर
माँ की कोख से दिखते थे
ताकि कम से कम वहाँ ही सही
चैन तो मयस्सर हो उन्हें
पर, छूटते हुए बच्चों के दुःख ने
क्या उन्हें चैन से मरने भी दिया?
या वो दर्द भी उनकी
आखिरी हिचकी में सिमट गया!

(माइकेल जेक्सन की स्मृति को समर्पित कविता)

जन्मभूमि

जन्मी तो बनारस में ही थी
बेशक और देशों में पनपी-खिली
पर सुगन्ध तो गंगा-माटी की ही थी
जो देह से आत्मा को सौंधा बनाती गयी!

मणिकर्णिका घाट की भोर
आज भी मानस पर
उग-उग आती है
वहाँ का केसरिया चरणामृत
अब भी मुँह में
घुल-घुल जाता है!

वो चन्दन चर्चित बचपन
भुलाए कहीं भूलता है?

गंगा तो आज भी
लहरों के इशारे से बुलाती है
एक मैं ही हूँ
जो नहीं जानती
कि कब जा पाऊँगी?
उसके अन्तिम दर्शन
होंगे भी कि नहीं होंगे
कब उस भोर को अंजलि
दे सकूँगी मैं?

(जन्मभूमि की स्मृति में लिखी कविता)

भूख

उसे पूर्णिमा का गोल चाँद
गरमागरम पूड़ी-सा लगा था
और सफ़ेद बादल
माढ़ गले दूधिया चावलों से
ढलती दोपहर के सुनहरे मेघ
जब उसने मसूर की दाल से बताये
तब मुझे लगा
कि पता नहीं कितने दिनों की
भूखी है वो बच्ची
कि भूख ने उसकी
सूरत और सीरत को
इस कद़र ढक रखा है!

कुन्ती

ये तो नहीं पता
कि दुःख आत्मा
माँज पाता है या नहीं
हाँ, इतना जान लिया है
कि यातना कहीं से
अन्तर्मन को उदार बना जाती है
उसी संवेदना के उपहार से
कुन्ती कृतज्ञ हुई होंगी
और उन्होंने भगवान कृष्ण से
दुखों का वर माँगा होगा!

न जाने क्यों
मैं नहीं बन पाती कुन्ती
शायद डरती हूँ
कि दुःख का आघात
झेल पाऊँगी या नहीं?

(महाभारत का एक चरित्र कुन्ती जिसने
श्रीकृष्ण से दुःख का वरदान माँगा था)

समानान्तर रास्ते

वे दोनों ही झेल रहे थे
अपने-अपने हिस्से की
मरुस्थलीय चटियल धूप!

किसी को किसी से
शिकवा भी नहीं था
शायद ये अहसास था
कि साथी की यातना
मुझसे कहीं ज़्यादा है!

ज़िन्दगी की सड़क पर
समानान्तर चलते हुए
इस ख़याल के साथ
कि एक जगह ये राह
मिलेगी ज़रूर खुद-ब-खुद
और वे गणित को
झूठ कर देंगे
कि समानान्तर रास्ते
कहीं नहीं मिलते।

लहरों-सा प्यार

करुणा तो अपार है तुम्हारी
मेरी ही क्षमता में कमी है कहीं
कि तुम्हारा अशेष स्नेह
जो उजाले-सा झरता है
देख नहीं पाते ये नयन
तुम्हारा होना जो मेरे चहुँओर है
छू नहीं पाता ये मन!

मेरी ही विवशता है
जो ग्रहण नहीं कर पाती
और वो लौट-लौट जाता है
सागर की लहरों-सा
सागर के पास वापस!

जीत की शर्त्त

जब उसने तय कर लिया
कि उसे जीतना ही होगा
तो उसके लिए ज़रूरी बन गया
भीड़ से अलग होना
भटकता रहा वो अकेला
एक अक्षर-सा अकेला
पर, माने देने के लिए
उसे शब्द बनना होगा
स्वयं को दाँव पर लगा कर
वो जीत तो गया
हाँ अपनी पहचान खो बैठा!

लाचारी

लिपटी थीं बिजली के खम्भे से
झूमती-नाचती जंगली लताएँ
गलबहियाँ डाले सोचें वे
कि सशक्त वृक्ष हैं ये
वे बेचारी क्या जानें
कि उनके अस्तित्व को
ख़ाक में मिला देंगे ये
इन्हें समझा सकती
जो इनकी भाषा जानती!

बेहया के फूल

ये ज़िन्दगी है कि बेहया के फूल?
वक़्त की आँधियों से जूझी
काँपी पर खड़ी रही
कभी इसके अस्तित्व की
मिट्टी भी रौंदी गयी
अपना आपा बचाती
फिर उग आयी!

न बर्फ़ इसे जमा पायी
न थपेड़ें इसे हिला पायीं
अपनी शाश्वत हँसी लिये
खिलती गयी, निखरती गयी!

निरपेक्ष यायावर

अपेक्षाओं के जंगल में
सुगन्धित फूल की तलाश बेमाने थी
सो, यात्रा की दिशा बदल दी
निरपेक्ष यायावर हूँ
जीवन की किसी पगडंडी पर
कोई फूल मेरे लिए खिला
जो मिला तो मिला!

पुकार

कोयले की खदान में
कनेरी पंछी-सी
जब-जब घुटने-सी
लगती हैं मेरी साँसें
चीं-चीं शुरू हो जाती है भीतर!

ये और बात है
कि उनकी चीं-चीं
खदान में चारों ओर
सुनाई दे जाती है
मेरी तो मन के गहरे
प्रभु को पुकारती जाती है।

अब ये उस पर छोड़ रखा है
कि वो पुकार सुने
या उसकी उपेक्षा करे!

हथेलियों का पुल

जब तुमने कहा
कि अपना मुलायम हाथ दो
तो मुझे लगा
कि मैं तो वर्षों से
तुम्हारे सशक्त हाथों में
स्वयं को सौंपने को व्याकुल थी।

तुमने कहा नहीं
और मेरी ज़ुबान खुली नहीं!

तुम्हारे कहते ही
हमारी हथेलियाँ पुल बन गयीं।

7 जनवरी, 2011

प्राकृतिक स्नान

तुम्हारा ये प्राकृतिक-सा लगता
स्नानागार बेहद पसन्द आया
इसके आकाशी रोशनदान
भ्रांति ही सही
मेघों की छाँव में
स्नान करने का
अहसास तो देते हैं।

स्वयं को ये उजला आसमान
जब ढके-लपेटे हो
तो बचपन के फौव्वारे का स्नान
मानस पर कौंध जाता है
घूमन्त फ़िल्म-सा जीवन
पीछे लौट-सा जाता है!

एक सोच

उस गुलाब के चेहरे पर
पानी की एक नन्ही-सी
बूँद ठहर गयी थी!

वो गुलाब औरों से हट कर
विशेष-सा लगने लगा।

ये कमाल आकाश के प्यार का था
जो मिलन के सौन्दर्य-सा
वहाँ जमा हो गया था
या शबनम की शक्ल में
गुलाब हँसते-हँसते रो पड़ा था?
उसके आँसू उसे और
खूबसूरत बना गये थे।
क्या पता?
पर काश! पता होता!

तुम्हारी छुवन

जब और आगे का रास्ता
एकदम सुझाई ही नहीं दिया
ज़िन्दगी की अँधेरी सुरंग में
साथी की उँगली थामे
मैं अकेली रास्ता तलाशती रही
कि तुम कहीं से आ निकले
देख तो नहीं सकी
पर, छुवन से पहचान लिया!

जब, तुमने कहा
कि आगे बढ़ो
रास्ता मिलेगा!

बस, अब उसी भरोसे पर
मेरे कदम बढ़ रहे हैं
पर, पहुँचाने का काम तुम्हारा है!

14 जनवरी, 2011

अजनबी चेहरे

ऐसा भी होता है अब
कि लोग आस-पास
आते-जाते, आते तो हैं नज़र
पहचान का कोई चिह्न
उभरता ही नहीं चेहरों पर!

ऐसा तो नहीं है
कि वो चेहरे
मुझे भूल गये!

फिर ऐसा क्यों है
कि अजनबी-सा लगता है
सारा जहान इन दिनों!

क्षणिकाएँ

1.
ज़िन्दगी जल रही थी
एक दीए-सी
तेज़ हवा के झोंके से
भक्क से बुझ गयी!

2.
तुम तो कहा करते थे
कि मैं तुम्हारी ताक़त हूँ
अगर वो सच था
तो अब जब तुम नहीं हो
तो मेरे अस्तित्व की
धज्जियाँ क्यों बिखरने लगीं?

पिचकारियाँ

तुम्हारी ढेरों पिचकारियाँ
अब भी वैसी-ही पड़ी हैं।
मैं उनसे तुम्हारी
भोजन नली में
तरल भोजन दिया करती
और तुम कहा करते
कि इन्हें सँभाल कर रखना
होली पर इनसे रंग खेलेंगे!

अब जब तुम यहाँ से
इतनी दूर चले गये हो
तो आकाश को देखती हूँ
और सोचती हूँ
कि इस बार क्या
समूचे आसमान को रँगना होगा
ताकि रंग तुम तक पहुँचें
या कि खुद को रंग डालूँ
क्योंकि तुम तो मुझमें ही घुले-मिले हो!

कलाई पर बँधा वक़्त

इतना सारा वक़्त
जो बाँध गये हो
मेरी कलाई पर
अब, इतने सारे वक़्त का
क्या करूँगी मैं
इतना तो बता जाते!
पथराई आँखें देख रही हैं
फैले हुए वक़्त को...!

डूबती साँसें

मन के गलियारे में
भटक रही हूँ कब से
असहाय-सी खड़ी हूँ
जल से बाहर पड़ी मछली-सी
तुम्हारी देह छटपटाती
मैं जल की गुहार करती चीखती
मसीहा को विवश देखती
घुटती साँसें कैसे डूब जाती हैं
और आदमी खड़ा देखता रह जाता है
आँखों में पथराया अहसास लिए...!

रुका हुआ बाँध

तुम तो चले गये इतनी दूर
मुझे अकेला छोड़ कर
कितने सारे काम थे
जो हमें साथ करने थे
फैली हुई जिम्मेदारी दिखती है
तो आँखों में सैलाब घुमड़ता है
पर मैंने उसे आँखों के
किनारों में समेट रखा है
वक़्त के पत्थर लगा कर
आने वाले कल के लिए
जब सारे काम निपट जाएँ
फिर चाहे ये कूल-किनारे तोड़ बहें!

5 मार्च, 2011

जीवन का नक़्शा

दूर जातीं ये गाड़ियाँ
उड़ानें भरतीं ये चिड़ियाँ
राह पर चलने वाले ये राही
सभी अपने ढंग से कहते हैं यही
कि इनके पास जीवन-यात्रा का
एक नक़्शा है कहीं!

एक मैं ही अनाड़ी हूँ
जो अपना नक़्शा भी
तुम्हारी अस्थियों के साथ ही
गंगा में बहा आयी हूँ
और अब बन्द गलियों में
रास्ता तलाश रही हूँ!

19 मार्च, 2011